Iolanda Crimi

un libro, una storia, la Storia

di Pina La Villa

ZeroBook
2018

Titolo originario: *Iolanda Crimi: un libro, una storia, la Storia* / di Pina La Villa

Questo libro è stato edito da **Zerobook**: www.zerobook.it.
Prima edizione del testo: gennaio 2005
Ristampa della prima edizione in nuovo formato: marzo 2018
ebook: ISBN 978-88-6711-135-0
book: ISBN 978-88-6711-136-7

Copertina: Victor Kusak & https://pixabay.com/it/

Controllo qualità ZeroBook: se trovi un errore, segnalacelo!
Email: zerobook@girodivite.it

Indice generale

Un libro, una storia, la Storia

Il 1960 è l'anno del governo Tambroni e di Scelba ministro degli Interni. In tutta Italia scioperi e manifestazioni richiamano alla memoria il fondamento antifascista della Repubblica nata dalla Resistenza.

In Sicilia le manifestazioni anti-Tambroni, con la partecipazione di giovani, operai, disoccupati, furono l'occasione soprattutto per esprimere la profonda insoddisfazione per le condizioni economico-sociali dell'isola.

L'8 luglio 1960 a Catania viene ucciso, in una manifestazione, il giovane Salvatore Novembre. Un morto anche a Licata, nella rivolta del 6 luglio. La rivolta contro il governo di destra Tambroni permette di riannodare un importante filo generazionale, tra i 'padri fondatori' della Repubblica e della Resistenza, e la nuova generazione dei nati nel '40. Sono anni di intenso dibattito, anni di speranze sul futuro, sullo sviluppo dell'isola.

I primi anni Sessanta sono caratterizzati dall'attività di circoli e associazioni che rispondono a un bisogno di partecipazione politica fuori dai partiti. I fatti d'Ungheria avevano scosso gli intellettuali vicini al PCI. Le nuove generazioni non vedevano spazi per loro nei partiti. A Messina "Popoli in cammino", a Palermo il Circolo Labriola, poi circolo Lenin. A Catania c'è la Casa della Cultura, un circolo di impostazione laico-socialista, frequentato da intellettuali e studenti [1].

I circoli sono prevalentemente luoghi della socializzazione, ma anche della crescita culturale e politica, luoghi di incontro per studenti e intellettuali che organizzano conferenze, dibattiti, letture. Leonardo Sciascia, Sylos Labini, Raffaele La Capria, Sebastiano Addamo sono alcuni dei nomi più frequenti agli incontri

---

1   Nato nel 1960 come il circolo di cultura "Rinascita" della FGCI, svolge un'intensa attività almeno fino al '62. Fu capostipite di tutta una serie di altri circoli culturale che nasceranno in seguito: il circolo "Pintor", il CUC e poi la rivista «Giovane critica», ma anche il circolo "Reich".

organizzati dalla casa della cultura di Catania nei primi anni Sessanta [2].

Anche in area cattolica si può notare un certo fermento a livello associativo, a partire dal 1960. L'attività del FUCI con i suoi incontri di studio (uno persino sulla letteratura esistenziale, Sartre e Camus, nel 1961[3]). Grande interesse, in area laica ma anche in area cattolica, per il mondo della scuola. Nel maggio 1961 viene organizzato a Catania un "convegno studenti" dal titolo "Scuola e libertà, scuola e società" [4].

---

2   Abbiamo potuto consultare al riguardo una serie di inediti, custoditi nel Fondo Nino Recupero (Cart.1), presso la Biblioteca Ursino-Recupero di Catania.

3   Fondo Recupero, Cart.1

4   *Scuola e libertà, scuola e società: atti del I° convegno studenti / FUCI, Gioventù studentesca, 14 maggio 1961.* L'opuscolo è interessante nel quadro dei processi di maturazione che portarono molti componenti della FUCI su posizioni "conciliariste" e poi "milaniste", fino alla formazione di gruppi aderenti alla rivista «il Manifesto».

Nel dicembre del 1961 la Casa della Cultura di Catania[5] organizza un incontro invitando Ferruccio Parri a parlare della Resistenza.

> "Quando, in Sicilia, nel dicembre del 1961, è venuto Ferruccio Parri a parlare della resistenza, nella Casa della Cultura di Catania, ritenni quel fatto un avvenimento storico al quale l'ambiente cittadino avrebbe dovuto dare un altissimo significato, sia per l'altissimo personaggio, che per l'argomento che Egli veniva a trattare. Anche la stampa cittadina più aperta non vi diede che il tiepido rilievo di un fatto di cronaca e quella conservatrice lo ignorò completamente, dando così all'illustre ospite della Città di Catania l'amaro senso della solitudine a cui la Sicilia è stata condannata" [6]

Anche l'anno successivo - è il 1962 - l'anniversario della Resistenza, a Catania, è passato, secondo Iolanda Crimi, inosservato:

---

5   Nato a Catania nel 1960, con sede in Via Vasta, nei pressi di Piazza Università, era un circolo di impostazione laico-socialista, frequentato da intellettuali e studenti .

6   Iolanda Crimi, *Donne siciliane nella Resistenza*, Catania, Edigraf 1962.

"In Piazza nulla! Al comando delle Forze armate, sino a qualche giorno fa, non avevano ricevuto disposizioni; all'associazione Combattenti si è dato un pacco viveri ai reduci più bisognosi che, però, non sanno ancora perché lo hanno ricevuto. Nella scuola Ufficiale non bandiere, né sfilate o discorsi: nulla. La celebrazione del 25 Aprile s'è fatta solo nella Sede del Partito Socialista con un discorso di carattere politico. L'orizzonte spirituale, quindi, della Città di Catania è grave di inquietitudine. Eppure nei Circoli di Cultura che sono ovunque l'espressione del grado di consapevolezza raggiunto da una città, si vanno sempre più qualificando giovani altamente dotati" [7]

Per Iolanda il motivo di questa "dimenticanza" è nella scuola, che non svolge come dovrebbe la sua funzione di creare cittadini e allevarli nei valori della Costituzione e della Resistenza. D'altronde cosa aspettarsi, se:

"A Messina come a Catania, nel dopoguerra, si ebbero per esempio, nel settore scuola, due Provveditori agli Studi provenienti dalle file delle gerarchie fasciste: Cerreti e Casaccio. Ebbene, a Messina dove il Provveditore agli studi faceva la scalata al potere politico, attraverso il partito di

_____

7   Crimi, cit.

11

maggioranza, si ebbero persecuzioni di Professori di «idee avanzate»"

Ma se la scuola e la politica hanno rinunciato al suo compito, lei non ha alcuna intenzione di farlo:

> " Ma siccome, tutti insieme, [i partiti politici] considerano l'individuo come mezzo e non come fine, io che sono una donna di scuola, chiamata ad applicare, nella pratica educativa, la Costituzione, il rispetto, cioè alla persona umana, la valorizzazione delle forze spontanee dei giovani, l'amore alla verità, rimango un soldato della Resistenza che, almeno di quel poco di valido che nella Costituzione Italiana è conservato dei valori di Essa, mi servo per educare le mie discepole al sentimento della responsabilità, riportando in esse memoria della presenza della donna Siciliana nella storia della Patria, nel periodo più angoscioso dell'ultimo nostro tempo." [8]

Questa volontà di trasmettere la propria memoria si traduce in un libro dalle particolari caratteristiche: Iolanda è una donna d'azione, come lei stessa si compiace di ricordare, non ha tenuto un diario, né scritto, durante la permanenza a Roma, qualcosa che ci

---

8   Crimi, cit., p. 13.

possa restituire intatta la testimonianza di quell'epoca. Si servirà per il suo libro, dei suoi ricordi, dei diari e delle lettere di persone da lei conosciute che erano a Roma in quel periodo, e inserirà, in fotocopia e in trascrizione, documenti, organigrammi, lettere. Il tutto contrappuntato dalle sue poesie, alcune pubblicate già a Roma nel 1943 - con il titolo di *Sicilia Bedda* - altre scritte dopo. Sono 350 pagine divise in 10 parti e numerosi capitoli che raccontano fatti e persone, presentano riflessioni di tipo filosofico, politico, storico e comprendono anche pagine di tensione lirica e pagine di teatro - tragedia e commedia insieme.

"C'è sempre, nel cumulo dei nostri ricordi, qualcosa che spontaneamente ne fa la cernita. La mente alcuni li fissa con caratteri permanenti, altri li lascia cadere come non avessero più lega, come se non si associassero ad un comporre nel giudizio, e alla fissazione di un criterio di scelta: mentre alcuni si proiettano con contorni precisi, altri dilatano e sfocano; e la mente li rifiuta o li accantona per riassumerli, poi, non secondo un principio di economia, fra l'utile e il bene che ne possa trarre... ma, così...come se ad una persona, nel mese di agosto, si dicesse «porta con te l'ombrello, non si sa mai!». È la mente stessa che segna tutta la traiettoria della verità. Noi guardiamo ai nostri pensieri raccolti in una visione unitaria come a un patrimonio e ne vediamo l'utilità globale, ma, spesso, facciamo come fa il bambino quando è lasciato libero di scorazzare in un prato, la prima volta che gli abbiamo lasciata libera la mano con cui lo portavamo in giro, per fare i primi passi: fra i fiorellini, che nel prato egli potrebbe strappare per portare qualcosa in bocca, egli va proprio a scegliere il sassolino. Per cui siete costretti a usargli violenza onde impedire che possa inghiottire il sassolino. Così io appaio a me stessa nel momento in cui decido di scrivere per gli altri. Molti possono trovare il sassolino che andava buttato via..."

"Ma andare per principi è sempre molto più facile che andare secondo la spinta dei fatti. Fare scaturire da norme fisse una condotta qualsiasi è un metodo di sicuro realizzo. Ma la vita non segue le norme e i principi: sono questi che nascono dalla vita; e come da ogni brano di vita può nascere una norma di condotta umana io ho voluto solo offrire la mia esperienza come contributo alla verità che dal nostro tempo può ancora scaturire!"[9]

---

9   Crimi, cit., p. 15.

Una famiglia di pupari

"la disposizione dei posti sarebbe stata disapprovata da qualunque autorità amministrativa inglese; sul pavimento erano allineate file di panche che non lasciavano spazi liberi per il passaggio, sicché la gente doveva scavalcarle per andarsi a sedere. Lungo le pareti dell'edificio correvano due gallerie ravvicinatissime, tanto che un uomo di statura normale non sarebbe riuscito a stare in piedi in quella inferiore, mentre in quella superiore, in cui ci trovavamo, era difficile muoversi perché gli archi che sorreggevano il soffitto la ostruivano in tre punti su ogni lato. Poco dopo girò un uomo per raccogliere il denaro, venti centesimi l'uno, mentre i posti di platea ne costavano quindici.

C'erano quattro ragazzi seduti sul palcoscenico, due da ciascun lato del sipario, come si usava ai tempi di Shakespeare. Come il resto del pubblico, questi ragazzi appartenevano alla classe che chiamano dei facchini, cioè portieri, cocchieri, lustrascarpe, acquaioli e così via." [10]

---

10 Henry Festing Jones, *Un inglese all'opera dei pupi*, Sellerio 1987, p.17. - Agli inizi del nostro secolo Henry Festing Jones, collaboratore e biografo di Samuel Butler, con il quale ha compiuto numerosi viaggi in Sicilia scrive diverse opere in cui si fa cronista attento e informato dei costumi siciliani. Tra le sue pagine quelle dedicate all'opera dei pupi, pubblicate da Sellerio

È il 1901. Francofonte è un piccolo paese a metà strada fra Catania e Siracusa. Ha il suo circolo dei nobili, la sua gloriosa società operaia, la campagna verde degli aranci e dei fichidindia, le casupole disposte sulle pendici del colle a racchiudere le due vie principali, con i palazzi nobiliari e i conventi che culminano nella piazza. Qui, il palazzo del Principe di Palagonia, con la solare facciata settecentesca e le sue torri medievali. Appena più su, la barocca Chiesa Madre, che conserva, oggi, ignorati, sepolti da un presente anonimo e smemorato, quadri della scuola di Antonello da Messina. Accanto al palazzo comunale è attivo da qualche anno un teatro dove ci si reca a vedere l'opera dei pupi. L'ha aperto Giuseppe Crimi, e vi rappresenta il repertorio classico ma anche sue opere. Scrive rielaborazioni personali in versi della tradizionale materia cavalleresca, opere sacre, drammi

---

nel 1987, frutto della sua frequentazione dei teatrini dei pupi per tutta la Sicilia di inizio secolo, e della sua disposizione a farsi istruire da comuni compagni sull'arte dei pupari, sulle forme dello spettacolo, e i modi dell'utenza.

storici in cui volgarizza i romanzi storici del romanticismo e opere di Shakespeare, commedie con spunti satirici, opere di argomento storico (relative agli eventi contemporanei della guerra di Libia e della Grande guerra). Una grande mole di scritti (c'è anche una storia della Sicilia e di Catania dalle origini al 1800) concepiti seguendo la convinzione dell'utilità dell'arte e della storia per l'ammaestramento del popolo e sempre in vista della rappresentazione secondo i canoni della teatro dei pupi [11].

Ha tentato di sottrarsi all'eredità paterna, puparo fra i più famosi a Catania a metà Ottocento, ma c'è riuscito solo per qualche anno: ha fatto il militare, è stato ferito, ha viaggiato, è stato a Roma, ha lavorato al Ministero della Guerra occupandosi degli invalidi. Poi il ritorno, il matrimonio. Prima un teatro a Scordia, paese della moglie, poi due, a Lentini e a Francofonte. La famiglia

---

11 Tutte le notizie su Giuseppe Crimi nella tesi di laurea di Melina Crimi, *Giuseppe Crimi e il teatro dei pupi in Sicilia*, Università di Catania, anno accademico 1970-71, relatore prof. Silvano Lo Nigro.

però si stabilisce a Francofonte. A Lentini il lago, il Biviere, porta la malaria.

Giuseppe ha simpatizzato col movimento dei fasci ma resta un appassionato monarchico. L'Italia si sta "nazionalizzando" e le regine di casa Savoia contribuiscono in maniera determinante a rappresentare nell'immaginario collettivo la nazione.

> "...Io sono figlia del popolo, del più minuto popolo, sono figlia di un'oscuro artista che aveva però l'anima tanto grande e mi mise in mano fin da fanciulla, libri che mi hanno insegnato il coraggio e l'azione. Lessi di una donna che aveva seguito la spedizione dei Mille Volontari che salparono da Quarto e sbarcarono a Marsala, per descriverne la storia. Era la moglie di Alberto Mario. E per scriverla certamente dovette parteciparvi e viverla con tutta l'anima sua" [12].

Iolanda, Elena, Margherita sono i nomi che imporrà alla figlia che nasce nel giugno di quest'anno 1901.

Iolanda è la nona di dodici figli, di cui cinque morti prima che lei nascesse. Erano nati, e morti, nell'arco di

---

12 Crimi, cit., p.209.

tempo che va dal 1883 al 1909, in tutti i paesi toccati dalla rappresentazioni dell'opera dei pupi: Vizzini, Lentini, Grammichele, Caltagirone, Francofonte [13].

Il padre poeta e puparo educava i figli con le ottave ariostesche, leggeva loro le sue opere e, nella tradizione delle famiglie di pupari, si faceva aiutare da loro nell'allestimento delle rappresentazioni. Raccontava la storia della famiglia, che si identificava con la storia della nascita dell'opera dei pupi a Catania e di cui lui scriveva le memorie.

Nella divisione dei compiti della famiglia Crimi, alle donne toccava la confezione dei bellissimi vestiti per le scene, quando non stavano al botteghino. Ma Iolanda Elena Margherita amava di più "combattere i pupi", partecipare cioè attivamente alla messa in scena delle opere prestando la voce ad alcuni personaggi. Le piaceva soprattutto recarsi col padre nei paesi vicini - nonostante la disapprovazione materna - dormire la

13 Nel 1942, anno a cui si riferisce lo stato di famiglia consultato, dei figli viventi quattro (tre femmine e un maschio) sono insegnanti elementari e uno è direttore didattico.

notte fuori, sul carretto insieme ai pupi, stare a guardare le stelle e veder sorgere il sole sulle campagne malariche attorno al lago di Lentini. Per il suo carattere ribelle i rapporti con la madre erano difficili e lei si attaccava sempre più al padre [14].

Si conquistò il diritto di recitare nell'opera, diritto che era riservato solo agli uomini, anche per il peso notevole dei pupi. Una sera per ribellarsi ad una punizione "ingiusta" durante lo spettacolo cambiò tutte le parti, i movimenti ed i momenti dell'azione, mettendo tutti in difficoltà, soprattutto il padre, ma alla fine rimediò con la sua competenza. Il pubblico non si accorse di nulla e applaudì [15].

Iolanda, come gli altri figli, non ha proseguito la tradizione di famiglia: è diventata, come il fratello e le

---

14 "Tre nomi per l'amore monarchico del nonno di cui ereditò la vena poetica e l'amore per il bello. Il nonno puparo e pittore e poeta. Legame forte con il paese donde il riconoscersi nel secondo nome (Elena) e volerlo trasmettere e volervi essere sepolta" (testimonianza scritta della figlia Bianca).
15 intervista ad Attilio Russo.

altre sorelle, insegnante. È rimasta però la passione per la scrittura, una scrittura enfatica, spesso ridondante, come è anche nelle memorie.

È del 1922 un "Discorso letto nel Circolo Cattolico "S. Agata Vetere" di Catania dal titolo *Viva l'Italia* [16]. A questo periodo risalgono anche le poesie dialettali che poi verranno pubblicate a Roma nel 1943 col titolo *Sicilia Bedda* [17]. A queste alterna poesie in lingua. Entrambe sono presenti nelle sue memorie, a sottolineare periodi, avvenimenti e stati d'animo.

Si è dedicata però anche al teatro. Nei primi anni del lavoro di maestra a Francofonte rappresenta la commedia di Dario Niccodemi *La maestrina* [18]. *La maestrina* presenta un personaggio assolutamente "moderno" [19]. Colpisce la freschezza del dialogo, la figura

16 Possediamo solo una copia del frontespizio.

17 "Santuzza" è lo pseudonimo di Iolanda Crimi per questa pubblicazione a Roma, nell'agosto del 1943 delle sue poesie dialettali.

18 Il testo, che ho consultato in una edizione del 1948, della Bompiani, fu scritto nel 1919.

19 La protagonista ha viaggiato, ha esperienza del mondo, vive sola, seduce il sindaco del paese in cui lavora, ritrova la figlia che le avevano sottratta appena nata, ma questo non pregiudica il

positiva della maestrina, bella e dolce ma anche arguta e intelligente, capace di rivendicare la dignità e la libertà personale nei confronti dell'autorità. L'autorità in questo caso è la direttrice che rappresenta invece quanto di negativo poteva riversare il misoginismo di allora su una donna "dirigente". Se Iolanda voleva colpire la direttrice c'è proprio riuscita con la rappresentazione di questo testo. La sua rappresentazione de *La Maestrina*, fece infatti infuriare la direttrice, e costrinse Iolanda al trasferimento.

---

lieto fine della sua storia col sindaco.

La guerra, il dopoguerra, il fascismo

Dal 1915 al 1918 l'Italia è in guerra. Iolanda ha quattordici anni. In Sicilia, su un'economia già arretrata - dal 1900 al 1913 oltre un milione di persone emigrano - la guerra arriva a sconvolgerne ancora più in profondità le strutture. In molti comuni nascono dei comitati civici per l'assistenza alle famiglie dei militari, vengono attivati spacci municipali e cucine economiche [20]. Anche a Francofonte sorge un Segretariato del popolo per l'assistenza alle famiglie dei combattenti. Iolanda ne fa parte, costituendo anche un Comitato di Assistenza sanitaria che si occupava soprattutto degli orfani. Nel 1920 troviamo invece Iolanda impegnata nella fondazione della sezione catanese dell'Unione Italiana ciechi.

---

20 Cfr. Giuseppe Miccichè, *Dopoguerra e fascismo in Sicilia*, Roma, Editori Riuniti 1976.

L'assistenza è uno spazio di impegno politico che alle donne del ceto medio è concesso in un'epoca in cui le donne non sono ancora cittadine a tutti gli effetti.

Nel 1912 la riforma elettorale voluta da Giolitti introduce il suffragio universale maschile. Malgrado la vivacità della presenza femminile anche nel dibattito politico attraverso il proliferare di numerose riviste e di convegni, il voto alle donne resta lontano.

Anzi la guerra e la crisi economica degli anni successivi bloccano la rivendicazione dei diritti politici e dell'autonomia giuridica, dell'accesso all'istruzione e al lavoro. Queste stesse battaglie vengono viste come il segno del cedimento dei sistemi liberali e vengono spazzate via insieme a questi dall'affermarsi di regimi autoritari all'indomani della guerra. In Italia il fascismo avrebbe utilizzato la voglia di protagonismo politico da parte delle donne del ceto medio che quelle rivendicazioni esprimevano, per una diversa "modernizzazione" [21].

_____

21 Victoria De Grazia, *Le donne nel regime fascista*, Venezia, Marsilio 1993.

Perno della politica demografica del regime nonché di quella economica basata sui bassi salari, la donna viene fissata al ruolo tradizionale di moglie e madre, ma questo ruolo viene in qualche modo enfatizzato e legato ai destini della patria. Nasce nelle donne una maggiore consapevolezza della cosa pubblica.

> "A tutti i livelli, le istituzioni fasciste fornivano messaggi contrastanti. Le dirigenti delle organizzazioni giovanili insistevano sulle virtù della domesticità. Ma coinvolgendo le ragazze in attività al di fuori della casa, nell'interesse del partito, del duce, della nazione, minavano l'autorità dei genitori. La letteratura educativa predicava la subordinazione, ma esaltava le manifestazioni di eroismo [...]. Come riproduttrici della razza, le donne dovevano incarnare i ruoli tradizionali, essere stoiche, silenziose e sempre disponibili; come cittadine e patriote, dovevano essere moderne, cioè combattive, presenti sulla scena pubblica e pronte alla chiamata" [22].

La figura femminile che rappresenta in maniera netta la contraddizione della politica del fascismo verso le donne

---

22 Victoria De Grazia, *Le donne nel regime fascista*, Venezia, cit., p. 204.

è quella della maestra. Il suo lavoro è quello che più la avvicina al ruolo tradizionale. Ma al tempo stesso, a lei è affidato il compito di formare i piccoli fascisti. Il lavoro femminile viene ostacolato in tutti i modi, tuttavia negli anni tra le due guerre aumentano sia le donne impegnate in attività lavorative sia le donne iscritte all'Università.

Iolanda aveva ottenuto nel 1919, il diploma di maestra, nella prima metà degli anni venti svolge la sua attività a Francofonte, poi, in seguito alla rappresentazione de *La maestrina*, gira per alcuni paesini siciliani - Catenanuova, Pachino [23]. Nel 1930 approda a Messina, vincitrice di una

---

23 "tanti anni prima, nella silenziosissima casa di Suor Letizia e Suor Clara Scavone, a Catenanuova [...] a Sicilia!... Da Pachino a Francofonte, da Scordia, a Caltanissetta, Agrigento, Messina, Scala, Scaletta, Santo Stefano di Briga, Lentini, Belpasso e Paternò, le isole Eolie o Palermo, ovunque mi ero recata, avevo visto Donne che avevano il volto di mia madre quando mi faceva tenere in mano la coroncina per recitare il Rosario mentre essa cuciva, tenendo sulle ginocchia l'ultimo dei dodici figli nati [...]. Poi rivennero accanto a me le mille e mille figure di donne che lavoravano nelle case e nella scuola, gente che tesse la propria vita fra le aule universitarie, l'Azione Cattolica, i Treni che le portano in una sgangherata scuola di borgata, nel freddo buio

borsa di studio che veniva assegnata ai maestri particolarmente bravi e che consentiva loro di astenersi dall'insegnamento per poter frequentare il Magistero, la cui unica sede era allora Messina. Qui conosce quello che poi diventerà suo marito, anche lui maestro e studente universitario "per meriti acquisiti sul campo".

Messina è l'Università e il matrimonio. Quando si sposa, nel 1933, Iolanda ha trentadue anni. Mentre il marito consegue la laurea e può insegnare in un liceo, lei perde la missione e deve tornare al lavoro di insegnante elementare.

---

delle albe senza riposo, e le lasciano nelle tristi stazioncine di campagna ove le aspetta, forse, un asinello, un auto anchilosata o solo una trazzera che valica i precipizi fra i monti deserti. E lì paesaggi meravigliosi che si scoprono nella natura, salendo alle Cime, ove scorazzano nugoli di bambini affamati e senza scarpe che vanno ai torrenti in compagnia delle capre, degli scorpioni, delle fionde per gli uccellini da cacciare. Ridiscendono da quelle Cime figure di maestrine che hanno tanti figli a casa, soli, che lottano coi libri e coi professori, insieme ai figli dei contadini che vanno a scuola di pomeriggio, per mancanza di aule in città o scuole vicine; Ridiscendono visi stanchi, emaciati come Ninfa Pinizzotto, Filomena Scavone, Pina Calderone, e mille e mille altre, ancora, che poi si disperdono nelle città ove mai trovano da riposarsi.

Solo nel 1939 Iolanda riuscirà a laurearsi in Lettere Moderne con una tesi dal titolo *Il 'Trattato della famiglia' di Leon Battista Alberti e la sua attualità*, in cui analizza il testo alla luce della dottrina fascista della famiglia. Nel 1942 consegue una seconda laurea, in Filosofia e Pedagogia. Nel frattempo dà alla luce i figli Giuseppe (1936) e Bianca (1940).

Negli anni Trenta quindi studia e insegna contemporaneamente:

> "anch'io, frequentando la scuola di Mistica Fascista, trattai «della Famiglia», secondo lo spirito della dottrina di Mussolini: insieme al Parroco del mio paese avevo educato i «Balilla» e le «Giovani Italiane», fui dietro all'Arcivescovo quando si benedivano, nel porto di Messina, le navi cariche di soldati che andavano in Abissinia per trovare «le quattro pietre al sole» di cui noi Italiani «avevamo bisogno»" [24].

La fascistizzazione procede lentamente nel corso degli anni venti, con l'imposizione del testo unico che man mano soppiantò tutti gli altri testi e in cui largo posto era

24 Crimi, cit., p. 11.

riservato alle esemplificazione della vita del regime. Il controllo dell'istruzione, così come per i settori dell'organizzazione del lavoro e della legislazione sociale non fu mai però completamente nelle mani del partito. La Chiesa cattolica, e in essa il movimento femminile cattolico, giocò un ruolo fondamentale, "fornendo alle donne spazi e strumenti di socializzazione" [25].

Le maestre partecipano più di altre ai riti della politica di massa, soprattutto ne veicolano i valori, le forme del linguaggio e dell'organizzazione politica. Le scelte politiche del dopoguerra nascono anche su questo terreno, perché su questo terreno è per loro possibile fare "esperienza" della politica, avere dei dubbi, scegliere.

---

25 Giovanni De Luna, *Donne in oggetto*, Torino, Bollati Boringhieri 1995, p. 47.

Roma 1943-1945

L'avventura che Iolanda Crimi racconta nel suo libro comincia nel Giugno 1943.

Lei non prevedeva - né lo facevano prevedere i comunicati del *Regime paterno* - che il crollo fosse imminente. Ma "cinque giorni in treno, per arrivare a Roma, partendo da Messina" la convinsero che la situazione era diversa da quanto assicuravano i comunicati e, soprattutto, rendevano impossibile l'idea di un ritorno immediato in Sicilia.

Ma l'atmosfera che Iolanda trova a Roma non è quella che aveva immaginato. I siciliani venivano accusati di essersi venduti al nemico, e Iolanda, partita orgogliosa delle sue due lauree, si trovò invece accomunata alla condizione dei profughi, siciliani per di più.

Molti furono i profughi in quel periodo a Roma. [26]

Nell'ottobre 1943, racconta Iolanda, Alfredo Cucco [27]

---

26 Mentre le altre città italiane, a causa dei bombardamenti, si svuotavano, Roma continuò ad acquistare abitanti. Molti furono coloro che, dal sud, si recarono a Roma, nell'illusione che lì la guerra non sarebbe arrivata. Molti venivano anche dalle campagne vicine. La popolazione era aumentata di circa un milione di persone.

27 Alfredo Cucco, medico oculista, professore nell'ateneo romano, prima nazionalista, poi punto di forza del gruppo dirigente dei

invitò i siciliani ad occuparsi di quelli siciliani presso il Comitato Nazionale Siciliano Profughi, che, come Iolanda scoprì man mano lavorandovi, non era altro che una copertura per le piccole ambizioni, le speculazioni e i favoritismi dei fascisti rimasti, e rinati a Roma più arroganti di prima perché impauriti dal pericolo corso e sostenuti dai nazisti.

Il Comitato si trovava a Palazzo Santacroce, l'ex Sede dell'Istituto di Cultura Fascista, in Piazza Benedetto

---

fascisti palermitani - gruppo che attua una "politica spregiudicata, corrotta e personalistica", dopo essere stato nell'ombra per alcuni anni, sconfitto in una delle numerose rese dei conti dei fascisti siciliani, (Cfr. Micciché, cit., p.147) fu ripescato, come altri fascisti della prima ora, dopo il 25 luglio e divenne vice segretario del partito dopo il 25 luglio. Uno dei più attivi propagandisti della politica razziale del regime. Il 15 giugno 1943 inviò ai segretari federali una circolare in cui ricordava che "la lotta antiebraica è oggi più che mai all'ordine del giorno della nazione in guerra" e li invitava a "tenere presente che il motore della contro-propaganda a danno dell'Italia, così all'estero come all'interno, è giudaico". Il 26 luglio 1943 se ne stava rintanato in casa. Un numeroso gruppo di manifestanti venne a cercarlo. Alcuni muratori che lavoravano nell'appartamento accanto al suo presero le sue difese, dicendo che era un medico. I dimostranti esitarono, poi tornarono alla carica. Uno dei muratori disse allora che la moglie di Cucco era incinta di nove mesi e poteva avere le doglie da un momento all'altro, e finalmente i dimostranti se ne andarono. È autore di un libro di memorie, *Non volevamo perdere*, Bologna, Cappelli, 1949. Cfr. Melton S. Davis, *Chi difende Roma?*, cit. pp. 83 e 172.

Cairoli, nei pressi del Ponte Garibaldi, in Trastevere. Iolanda si occupò dei bambini entrando in contatto con l'Opera Don Orione, diretta da D. Chizzini, poi arcivescovo in Thailandia.

Nonostante ora la mancanza di cibo e la minaccia dei bombardamenti fosse più vicina, nella città continuavano ad affluire profughi. A questi si aggiunsero i soldati che, già prima dell'8 settembre avevano abbandonato il regio esercito. All'indomani dello sbarco in Sicilia, molti soldati acquistano abiti borghesi, o tolgono fregi e distintivi alle divise. Non pensavano che si trattasse di diserzione. Era uno sfinimento, documentato soprattutto dalle memorie delle donne, colpite dall'espressione di sconfitta e di annientamento della propria dignità che molti ex-soldati avevano.

Iolanda comincia intanto la sua attività al Comitato e osserva che in realtà il comitato non faceva alcuna assistenza, "mi accorsi che la folla veniva a Palazzo Santacroce e mille volte su dieci se ne andava insoddisfatta, avendo ottenuto solo il dono di essere schedata."

Si occupa dei bambini ma comincia a occuparsi anche dei soldati sbandati. "Pensai a mio figlio quando ascoltai quel soldato con la giacca senza mostrine". E comincia a polemizzare col Comitato

Nel libro è riportata la lettera che Iolanda scrive al consiglio di presidenza del Comitato Nazionale Siciliano perché protesti vivamente contro quello che lei ritiene un affronto fatto alla dignità dei siciliani. Si era infatti diffusa la notizia della deportazione dei bambini siciliani in Russia. Iolanda aveva lasciato i suoi figli in Sicilia, ma subito, al terrore, subentrò lo sdegno perché la notizia era evidentemente falsa e confermata proprio dal Comitato. "Alla propaganda contro gli americani, gli inglesi e i russi come cannibali, si aggiungeva la denigrazione del popolo Siciliano" [28]. Secondo lei infatti le donne siciliane non avrebbero mai permesso una cosa del genere, avrebbero fatto dei nuovi Vespri.

Contrariamente allo scopo di chi aveva diffuso la notizia, lo sdegno però era rivolto non contro gli angloamericani, ma contro la "tribuna" e il "Popolo di Roma" in cui "ho visto mercanteggiato l'onore e lo spirito della gente siciliana, ai fini della propaganda politica, la quale, se ha le sue ragioni negli obiettivi che vuole raggiungere, perde lo scopo che s'è prefisso quando si serve di miseri mezzi"[29].

A Roma, dall'inizio dell'occupazione, manca qualsiasi intervento della Chiesa cattolica. Solo verso la fine del 1943, la Chiesa si organizza. Il suo ruolo nell'assistenza venne giocato su due livelli. C'è un'assistenza organizzata, propagandistica e ideologica, che fa capo direttamente al papa e alla burocrazia della Chiesa e che

---

28 Crimi, cit., p. 81.
29 Crimi, cit., p. 83.

tende a rinsaldare il rapporto tra il Papa e la popolazione nella prospettiva del peso politico della Chiesa nel dopoguerra. C'è un'assistenza spontanea legata allo spirito umanitario di alcuni personaggi, tra cui monsignor Costantini. L'assistenza era diretta principalmente a quelle situazioni che rappresentavano lo scollamento sociale causato dalla guerra e non necessariamente ai poveri (le borgate furono abbandonate a se stesse): le famiglie divise, i profughi, gli sfollati, i ceti medi maggiormente colpiti dalla crisi alimentare e dalla crisi d'identità che la guerra aveva loro causato.

Secondo lo storico Klinkhammer, l'occupazione nazista in Italia risulta, almeno fino all'autunno del '44, meno dura che altrove. Viene attuato quello che l'autore chiama il sistema dei poteri paralleli, in cui viene lasciata una relativa autonomia ai fascisti e si cerca di battere la resistenza anche attraverso relazioni trasversali tra i vari attori politici: i fascisti, la Chiesa, i partigiani [30].

---

30 La situazione cambia nell'autunno del '44, quando Roma è già in mano agli Alleati da qualche mese. Uno degli aspetti di questo cambiamento è l'intensificarsi delle deportazioni per i campi di lavoro. Dei circa 50.000 deportati (ad eccezione degli ebrei) pochi sono gli antifascisti politicamente consapevoli, per lo più i deportati erano prelevati in maniera indiscriminata. (Cfr. Lutz Klinkhammer, *L'occupazione tedesca in Italia. 1943-1945*, Bollati Boringhieri, Torino 1996).

Il libro di Iolanda Crimi, documenta, anche se confusamente, questi rapporti.

Al Comitato profughi, presso cui svolge la sua attività, arriva l'ordine di raccogliere i profughi per la deportazione al Nord. L'ordine, comunicato dai fascisti, viene direttamente dai tedeschi. Non si può disobbedire. Iolanda rifiuta la logica dell'obbedienza e, con l'aiuto di un partigiano, Enea Franceschini, riesce ad avere un colloquio col Papa, dopo il quale non si parlerà più di deportazione per i profughi siciliani [31]. È dunque grazie alla Chiesa cattolica che riesce ad ottenere dai tedeschi la sospensione dell'ordine della deportazione per i profughi siciliani. In quella primavera del '44 fascisti e nazisti avevano i giorni contati. La Chiesa invece preparava il suo ruolo politico nell'Italia del dopoguerra. Una politica inaugurata, con molte cautele e ambiguità, già da tempo.

A differenza che nella prima guerra mondiale, quando il Papa aveva preso posizione tuonando contro "l'inutile strage", la posizione della Chiesa durante la seconda guerra mondiale fu improntata al silenzio e alla neutralità. Legata al fascismo - responsabile della guerra - dal Concordato del '29, la Chiesa si trova in difficoltà. Al momento del crollo del fascismo, appoggia cautamente

---

31 L'autrice non dice nulla sulle mosse del Papa per evitare questa deportazione. La pone come un dato di fatto, il fatto che le ha meritato la qualifica di partigiana combattente.

il governo Badoglio. In quei mesi rivolge ai fedeli lettere pastorali perché ubbidiscano al nuovo governo. Ma le vicende dei 45 giorni non furono così chiare. Tutti erano convinti che la Chiesa si stesse adoperando per ottenere la pace, in realtà "insisteva presso il governo italiano perché trasferisse fuori della capitale le installazioni militari e dichiarasse Roma città aperta" [32].

Durante l'occupazione le direttive furono quelle di mantenere «un'attitudine di superiore imparzialità di fronte al conflitto armato», evitando «manifestazioni che potessero apparire o come pronunziamento puramente politico o come preferenze verso una delle parti belligeranti» [33].

Da un lato c'è infatti il nazi-fascismo, dall'altro gli Alleati, con i russi che rappresentano per lei un pericolo ancora maggiore del guerra.

La posizione istituzionale della Chiesa era quella di approfittare della possibilità di intrattenere rapporti anche con gli occupanti per mantenere la propria continuità e il governo delle coscienze in un momento difficile. Questo atteggiamento rese possibile diversità di posizioni e di scelte da parte dei cattolici a vari livelli. Interessante, per il nostro discorso, il caso dell'assistenza.

---

32 Melton S. Davis, *Chi difende Roma?*, Rizzoli, Milano, 1973, p. 249.

33 Claudio Pavone, *Una guerra civile*, cit., p. 285.

"il ruolo di supplenza fu macroscopico nella città di Roma, dove alimentò il mito del *defensor urbis* [...]. La massima ambizione di questo tipo di presenza e di attività fu quella di trasformare l'opera di mediazione triangolare fra la popolazione, le autorità fasciste e tedesche, i partigiani e i CLN in una vera e propria opera di mediazione politica al più alto livello" [34].

L'impegno della Chiesa nell'attività di assistenza ai profughi inizia nei primi mesi del 1944.

Nel Marzo 1944 viene creata la Pontificia Commissione assistenza Profughi (Pcap), presidente mons. Baldelli, la cui attività si svolge attraverso "rapporti intensi e di stretta collaborazione con le autorità fasciste e tedesche" [35].

Uno spazio d'azione che fu possibile alla Chiesa romana in virtù di quel sistema dei poteri paralleli a cui abbiamo già accennato, ma che si esplica in misura maggiore solo negli ultimi mesi dell'occupazione, quando i tedeschi avevano ormai i giorni contati e la situazione nella capitale era vicina all'insurrezione. L'intervento più deciso della Chiesa nell'assistenza si inscrive in questo

---

34 Claudio Pavone, *Una guerra civile*, cit., pp. 295-296.

35 Agostino Giovagnoli, *Chiesa, assistenza e società a Roma tra il 1943 e il 1945*, in: *L'altro dopoguerra. Roma e il sud 1943-1945*, a cura di Nicola Gallerano, Milano, 1985, p. 216.

contesto così come la vicenda dei profughi siciliani che si svolge proprio ad Aprile.

La guerra si avvicinava di giorno in giorno. L'aviazione alleata bombardava senza tregua la città.

"Fin dal dicembre vigeva la proibizione di circolare in bicicletta. I tram e i filobus non funzionavano regolarmente, e la popolazione preferiva non servirsene. Talvolta i tedeschi fermavano un autobus, ne arrestavano i passeggeri e li convogliavano verso il nord [...]. Era una città di spie, di agenti segreti, di informatori, di torturatori, di prigionieri di guerra fuggiaschi, di ebrei ricercati e di gente affamata" [36].

La prima reazione tedesca dopo Via Rasella

"fu un annunzio senza commenti dell'ufficio annonario. A cominciare dal giorno seguente, sabato 25 marzo, la razione giornaliera di pane sarebbe diminuita da 150 grammi per persona a 100, press'a poco il peso di un'unica pagnottella spugnosa, fatta con segatura d'olmo, ceci secchi, foglie di gelso, farina di granoturco e un po' di segale" [37].

---

36 Robert Katz, *Morte a Roma*, Roma, Editori Riuniti, (1968) 1996, p. 8.
37 Katz, cit., p. 154.

L'eccidio delle Fosse Ardeatine era già avvenuto, ma i giornali non avevano dato notizia neanche dell'attentato di Via Rasella, che pure era ormai di dominio pubblico. Solo, sull'«Osservatore Romano», la dichiarazione vaticana, redatta nelle prime ore del giorno, rivolgeva un appello ai romani ad astenersi dagli atti di violenza per evitare rappresaglie.

I partigiani continuarono invece i loro attentati. Uno, quello del 10 aprile lunedì di pasqua, durante il quale soldati tedeschi furono uccisi nel quartiere periferico di Cinecittà, dimostrò ai nazisti che la rappresaglia non aveva avuto affetto. Fiaccate le forze dei partigiani dal massacro delle Ardeatine e dalla polizia politica.

> "...l'attività antifascista subì un mutamento. Proteste e dimostrazioni, nelle quali erano coinvolti migliaia di romani, scoppiavano di piazza in piazza, alcune in commemorazione delle vittime delle Fosse Ardeatine, ma la maggior parte si svolsero al grido di "Pane!", l'unico appello che chiamasse la gente in strada [...]. La fame, l'aggravamento della scarsità di viveri, la marea delle tessere false e gli incredibili prezzi del mercato nero, che erano aumentati di dieci volte in sei mesi, rappresentavano una minaccia molto più grave per l'ordine pubblico che la minaccia degli antifascisti. Molti dei quartieri più poveri alla periferia della città erano in aperta

rivolta. Il Vaticano rafforzò l'operazione "minestra per il popolo" [...]. Per un certo periodo dell'aprile, si profilò la possibilità dell'insurrezione" [38].

Proprio in quei giorni arriva invece l'ordine, dato dal Direttorio fascista d'accordo col Comando tedesco, concernente la deportazione dei profughi siciliani al Nord. "Il Comm. Di Leo delle Puglie [...] mi disse che i profughi dovevano andare a piedi in Emilia e poi di là essere dislocati in varie zone. Qualche rarissimo mezzo sarebbe stato approntato per i malati gravi o i bambini - Roma doveva essere sgombrata! - sgombrata dei profughi meridionali"[39].

In un primo momento Iolanda spera ancora nella buona fede di Alfredo Cucco, come rappresentante dei siciliani. Poi capisce che da lì non verrà nessun aiuto - scoprirà poi che era stato proprio lui a diffondere la notizia della deportazione dei bambini siciliani in Russia. Nessun aiuto verrà dai rappresentanti delle province invase: "Compresi che essi si erano solo considerati amministratori dei quattro soldarelli che, "con il loro prestigio" racimolavano, ma non si sentivano la forza, né il diritto, né il dovere, di protestare in nome dei profughi che essi rappresentavano" [40].

---

38 Katz, cit., p. 198.
39 Crimi, cit., p. 203-205.
40 Crimi, cit., p. 203-205.

Vennero a trovarla Sua Eccellenza Tofano e il Dott. Giorgio Bardanzellu. La trovarono mentre riceveva le donne che si rivolgevano al Comitato, e diceva che il governo non aveva più niente da dare, perché mentre i tedeschi avevano prosciugato al Banca d'Italia, Cucco aveva prosciugato la Cassa del Comitato Siciliano. Tofano le chiede di ubbidire all'ordine, cioè di fare in modo che i siciliani se ne andassero al Nord volontariamente, per evitare i guai della deportazione. Iolanda chiede invece l'aiuto delle rappresentanti dei comitati regionali per un'udienza dal Papa. Tutte si rifiutano.

Iolanda ottiene l'udienza dal Papa, attraverso Enea Franceschini, conosciuto attraverso la moglie Melina, anche lei siciliana [41], e che scoprì poi essere un partigiano

Eugenio Pacelli aveva 68 anni e aveva concluso il quinto anno da quando era stato eletto, nel marzo del 1939, duecentosessanduesimo pontefice romano. Ancora oggi il suo comportamento in quegli anni terribili e il suo rapporto col nazismo è al centro di giudizi contrastanti. Tra accuse di complicità col nazismo e giustificazioni del suo operato come orientato ad evitare rappresaglie più gravi da parte della Chiesa, alcune osservazioni si

---

41 "Era venuta a trovarmi perché mi aveva sentito recitare le poesie dialettali in uno dei sabati Siciliani" (Crimi, cit., p. 145).

possono avanzare [42]. Il Papa voleva certamente prendere le distanze dal nazismo, almeno nell'ultimo periodo della guerra. Ma, d'altro canto, aveva paura del comunismo e del ruolo che avrebbe giocato, attraverso le attività dei partigiani e degli antifascisti italiani, nella conclusione della guerra. La politica di attesa e l'attività di assistenza e di protezione attraverso anche i rapporti con i nazisti, il suo silenzio sulla strage delle Fosse Ardeatine, si iscrivono in questo contesto. La preoccupazione principale, in quegli ultimi mesi dell'occupazione nazista a Roma era evitare la minaccia dell'insurrezione - e quindi si sforzò, nei limiti consentiti dalle assicurazioni degli occupanti, di alleggerire la pressione sulla cittadinanza ormai alla disperazione. Il Vaticano distribuì minestre agli affamati e agli sfollati, cercando di contenere e di alleggerire tutte quelle situazioni che

---

42 Dal *Vicario*,dramma di Rolf Hochhut scritto nel 1963, a *Morte a Roma* del giornalista americano Robert Katz, al recente (1999) *Hitler's Pope* del giornalista inglese John Cornwell, l'accusa è quella di complicità, per il suo silenzio e per la sua amicizia con i tedeschi, col nazismo. Da parte sua la Chiesa ha sempre sostenuto la tesi che il Papa non ha denunciato le atrocità naziste per evitare maggiori rappresaglie. Dice il gesuita padre Pierre Blet, che ha curato la raccolta dei documenti della Santa Sede relativi al conflitto mondiale, che nel 1964 il cardinali Montini, futuro Paolo VI, ha autorizzato a pubblicare, "Papa Pacelli era amico dei tedeschi, ma non era filonazista e non era antisemita" (Pierre Blet, *Pio XII e la seconda guerra mondiale negli archivi vaticani*, San Paolo, Milano 1999).

potevano fare inasprire il malcontento della popolazione.

Il colloquio col Papa, che Iolanda Crimi riporta nel testo, risulta efficace.

"Il Papa aveva dato espresso incarico a Monsignore Baldelli presidente della Pontificia Opera di Assistenza, di trattare col Comune di Roma la desistenza sul programma del nostro 'Esodo' provvedendo ad aumentare le mense popolari per i profughi meridionali con la connivenza dei tedeschi nel dare il 'nulla osta' ai Preti che si volessero recare fuori Roma, per approvvigionare la Città" [43].

I profughi non vengono deportati e, anzi, il Papa le fa avere la somma di 100.000 lire per i profughi.

Nel testo la lettera con l'assegnazione della somma e la benedizione apostolica, firmata da Montini, futuro papa. È il 22 Aprile.

Domenica 4 giugno Roma viene liberata dalle truppe alleate. L'occupazione era durata 268 giorni.

---

43 Grazie all'intervento di Enea e Melina Franceschini, i quali da allora "si sono cooperati sempre alla costituzione dell'Associazione nazionale che va col nome di 'Famiglia Siciliana'" (Crimi, cit.).

Epilogo

Nel 1946 Iolanda Crimi è di nuovo a Roma, stavolta per partecipare al I congresso nazionale della Resistenza.
C'era
"una gamma multicolore di fazzoletti al collo: io l'avevo bianco-giallo, i colori del Papa." [44]
Ma si accorse, nel corso di quel congresso, che la politica della D.C. al cui gruppo lei sedette, non era la sua

"Quando, da quasi tutte le Ali del congresso partì la proposta di chiedere al governo lo scioglimento del Movimento Sociale, io applaudii clamorosamente mentre il «mio gruppo» di Piazza del Gesù, rimaneva con le mani in tasca e col serafico volto di chi, dalle orecchie, non sente. Fu così dunque che la Resistenza venne posta all'incanto."[45]

Del Gruppo di Piazza del Gesù Iolanda non condivise praticamente niente. Lei parla nel libro ironicamente di alcuni errori che commise, che consistono principalmente nell'aver appoggiato alcune proposte

44 *Donne siciliane nella Resistenza*/ Iolanda Crimi, Catania, Edigraf, 1962, p.299
45 *Donne siciliane nella Resistenza*/ Iolanda Crimi, Catania, Edigraf, 1962, p.301

condivise "dalle ali rosse e verdi del Congresso". A queste posizione attribuisce la stroncatura della sua carriera politica .

"E compresi a volo di aver perduto il biglietto d'ingresso a sedere in Parlamento".

A Messina, subito dopo la guerra anima il CIR (Centro intellettuale ricreativo) che raccoglie colleghi insegnanti, ma anche professionisti e rappresentanti del mondo della cultura messinese. Organizzano rappresentazioni teatrali (Iolanda recita negli "Spettri" di Ibsen), conferenze, ma anche gite.

L'esperienza dura poco, quanto dura il clima nazionale e internazionale di unità contro il nazifascismo sconfitto. Arrivano le elezioni del 1948 ed evidentemente le divisioni politiche non sono più conciliabili. Il gruppo si sfalda, finisce il CIR. La sua partecipazione alla manifestazione del 25 aprile quell'anno viene vista malissimo dalla famiglia del marito. Iolanda conserva gelosamente le foto che la ritraggono in quella manifestazione e aderisce all'UDI di Messina.[46]

Nel 1950 la famiglia si trasferisce a Catania. Qui Iolanda partecipa alle attività della "Casa della Cultura" e fonda anche la sezione catanese del Movimento federalista

---

46 L'8 marzo 1953 si tiene a Palermo il I° Congresso delle donne siciliane: partecipano circa millecinquecento delegate.

europeo.[47]

Nel 1955 si presenta candidata nelle liste del P.R.I..
Ferruccio Parri le consegna la medaglia d'oro al circolo
della cultura. Partecipa a Parigi al Congresso
internazionale per la federazione d'Europa. Il 1955 è
anche l'anno della separazione dal marito.

Quando scrive *Donne siciliane nella Resistenza*, Catania,
Edigraf, 1962, Iolanda Crimi ha sessantuno anni. Una vita
intera con la quale fare i conti.
Uno scritto, inedito, di questo periodo documenta
quest'atteggiamento psicologico.
È uno scritto dedicato al suo paese d'origine,
Francofonte. Ricorda la sua adolescenza, evoca i motivi
universali dell'abbandono, misura i progressi del paese,
dovuti alla produzione agrumicola, ricorda il teatro che
suo padre aveva costruito proprio accanto al palazzo
municipale e che fu distrutto per far posto a una strada.
È lì, nella sua casa vicino a luogo dov'era il teatro, che
vorrebbe morire. Finisce lo scritto quasi con un grido:
"Ho sessant'anni!".
E invece è proprio adesso che finalmente si apre per lei
la possibilità di agire, di mettere a frutto la sua
esperienza.

---

47 Tra gli iscritti figura il nome di Pietro Barcellona.

Impegna le sue alunne - insegna al Turrisi Colonna di Catania - in conferenze e rappresentazioni teatrali, fonda con loro il circolo "Anna Franck", che ha sede nella sua casa di Via Pier Luigi Deodato, partecipa alle attività della Casa della Cultura.. Viene trasferita - ed è la seconda volta - a Noto per problemi sorti con la sua scuola.[48] Nel 1962 pubblica il libro, a cura del circolo Anna Franck, nel 1965 fonda un asilo a Francofonte in un suo agrumeto in contrada Cozzarelli, vicino al paese. Nella seconda metà degli anni sessanta si candida come indipendente nelle liste del PCI a Francofonte e diventa prima consigliere e poi assessore alla Pubblica istruzione. Finisce la sua vita simpatizzante del partito radicale e attiva nell'UDI di Messina.

Nel 1967 partecipa alla costituzione dell'associazione mazziniana a Pachino.

Nel 1968 a Francofonte, diventa assessore alla Pubblica Istruzione.
Qui fonda una scuola magistrale e avvia un tentativo di università popolare.

In pensione dal 1972, si candida ancora alle politiche,

---

48 Non sono riuscita a sapere i motivi di questo conflitto, presumibilmente col preside o la preside, perché l'archivio della scuola non esiste, andato a fuoco alcuni anni fa.

nelle liste del P.R.I. e affronta una nuova esperienza di asilo e doposcuola per i ragazzi dei quartieri poveri a Francofonte insieme a un gruppo di giovani che daranno vita al gruppo dei "Cristiani per il socialismo".

Gli ultimi anni della sua vita la vedono avvicinarsi al partito radicale, partecipare ai dibattiti e alle attività politiche e soprattutto di volontariato a Messina (canti e balli la domenica a favore degli internati nei manicomi), Pachino, Francofonte.

Muore a Catania il 6 agosto del 1985.

BIBLIOGRAFIA

AA.VV.   AA.VV, *Storia delle donne - Il Novecento*,
              Economica Laterza, Bari,1996.

ADORNO   Salvatore Adorno, "Professionisti in una
              periferia: Siracusa 1860-1930, in Annali
              Storia   d'Italia,   "I
              professionisti"cit.,pp.625-665.

BARONE   Giuseppe Barone, *Egemonie urbane e
              potere locale (1882-1913),*in *storia
              d'Italia Einaudi, Le regioni dall'Unità a
              oggi, La Sicilia*, 1987, pp.191-361.

BARTOLONI   Bartoloni Stefania, *Le donne sotto il
              fascismo*, in "Memoria", 10, [1984],
              pp.124-132
BATTISTINI   Andrea Battistini, *Lo specchio di Dedalo.
              Autobiografia e biografia,* Bologna, Il
              Mulino, 1990.

BINI   Giorgio Bini *Romanzi e realtà di maestri e
              maestre* in Annali *Storia d'Italia* Einaudi
              4,pp.1195-1224.

BONARDI   Bonardi Pietro, *Scambi di prigionieri e*

ostaggi durante la lotta di liberazione, in «Storia e documenti» Semestrale dell'Istituto storico della Resistenza di Parma, I, 1989.

BRAVO
Anna Bravo, *Donne e uomini nelle guerre mondiali*, Roma-Bari, Laterza, 1991.

BRAVO
Anna Bravo, *Madri in guerra. La manutenzione della vita nell'Italia occupata 1943-1945.*

BRAVO-BRUZZONE
Anna Bravo, Anna Maria Bruzzone, *In guerra senz'armi. Storie di donne 1940-1945*, Roma-Bari, Laterza, 1995.

BUFALINO-ZAGO
Gesualdo Bufalino, Nunzio Zago, *Cento Sicilie*, La Nuova Italia, 1993.

BUTTAFUOCO
A.Buttafuoco, *La filantropia come politica. Esperienze dell'emancipazionismo italiano nel Novecento*, in: *Ragnatele di rapporti*, a cura di L.Ferrante, M.Palazzi e G.Pomata, Torino 1988, pp.167 sgg.

CALVINO
Italo Calvino, *La tradizione popolare nelle fiabe*, in "Storia d'Italia", cit., vol.5, pp.1253-1264.

CAVALLO   Pietro Cavallo, *Italiani in guerra :
               Sentimenti e immagini dal 1940 al 1943*,
               Bologna Il Mulino, 1997.

CAVARERO   Adriana Cavarero, *Tu che mi guardi, tu
               che mi racconti. Filosofia della narrazione*,
               Feltrinelli, 1997.

CEREJA-   Cereja Federico e Mantelli Brunello (a
MANTELLI   cura di), *La deportazione nei campi di
               sterminio nazisti. Studi e testimonianze*,
               Milano 1986.

COCCHIARA   Giuseppe Cocchiara, *Pitré, la Sicilia e il
               folklore*, Messina-Firenze 1951.

COLLOTTI   Enzo Collotti, *L'amministrazione tedesca
               dell'Italia occupata 1943-45 : Studio e
               documenti*, Milano 1963, in: *Il
               Movimento di liberazione in Italia*.

CONTI   Laura Conti (a cura di), *La Resistenza in
               Italia. 25 luglio 1943-25 aprile 1945.
               Saggio bibliografico*, Milano 1961
               (bibliografia a cura dell'Istituto
               Giangiacomo Feltrinelli).

DAVIS   Melton S. Davis, *Chi difende Roma?*,

Rizzoli 1973.

DE FELICE F.   Franco de Felice, *Storia del teatro siciliano*, Catania, 1956, pp.57-58.

DE FELICE R.   Renzo de Felice, *intervista sul fascismo*, a cura di Michael A. Ledeen, Laterza 1975.

DE FELICE R.   Renzo De Felice, *Rosso e Nero*, a cura di Pasquale Chessa, Baldini&Castoldi, 1995.

DE GIORGIO   Michela De Giorgio, *Le italiane dall'Unità a oggi*, Laterza, 1992.

DE GIORGIO   Michela de Giorgio, *Donne e professioni*, in Annali Storia d'Italia, "I professionisti", Einaudi, 1996, pp.439-487.

DE GRAZIA   Victoria De Grazia, *Il patriarcato fascista: come Mussolini governò le donne italiane (1922-1940)*, in Storia delle donne, Laterza.

DE GRAZIA   Victoria De Grazia, *Le donne nel regime fascista*, Venezia, Marsilio, 1993.

DE KEIZER   Madelon de Keizer, *La Resistenza civile. Note su donne e seconda guerra mondiale*, in "Italia contemporanea",

DE LEO-TARICONE M. De Leo, F.Taricone, *Le donne in Italia. Educazione.Istruzione*, Liguori, 1995.

DE LUNA Giovanni de Luna, *Donne in oggetto*, Bollati Boringhieri, Torino, 1995.

DI CORI Paola Di Cori, *Partigiane, repubblichine, terroriste. Le donne armate come problema storiografico*, in Gabriele Ranzato, *Guerre fratricide. Le guerre civili in età contemporanea*, Torino, Bollati Boringhieri, 1994.

DORIA Anna Rossi Doria (a cura di), *La libertà delle donne : voci della tradizione politica suffragista*, Soggetto donna Rosenberg & Sellier, Torino, 1990.

ELSTHAIN Jean B.Elsthain, *Donne e guerra*, Bologna, Il Mulino, 1991.

FESTING JONES Henry Festing Jones, *Un inglese all'opera dei pupi*, Sellerio 1987. Il testo contiene una postfazione di Antonio Pasqualino, *A teatro con i vastasi*.

FOLENA Gianfranco Folena, *L'autobiografia, il*

vissuto, il narrato. Premessa, in:
"Quaderni di retorica e poetica", 1986,
n.1, p.3.

FRADDOSIO   M. Fraddosio, *Le donne e il fascismo.
Ricerche e problemi di interpretazione*, in
"Storia contemporanea", 2, 1986, pp.95-
135.

FRADDOSIO   Maria Fraddosio, *La donna e la guerra.
Aspetti della militanza femminile nel
fascismo: dalla mobilitazione civile alle
origini del Saf nella Repubblica Sociale
italiana*, in «Storia contemporanea», XX,
n.6, 1989, pp.1105-81.

GABRIELLI   Patrizia Gabrielli, *Biografie femminili e
storia politica delle donne*
in "Italia contemporanea", n.200,
settembre 1995, pp.493-509.

GAGLIANI   D. Gagliani, E. Guerra, L. Mariani,
Fiorenza Tarozzi, *Donne della Resistenza :
una ricerca in corso*, in "Italia
contemporanea", n.200, settembre 1995,
pp.477-492.

GAGLIANI-
SALVATI   D.Gagliani, M.Salvati (a cura di), *La sfera
pubblica femminile. Percorsi di storia
delle donne in età contemporanea*,

Bologna, CLUEB, 1992.

GALLERANO   Nicola Gallerano (a cura di), *L'altro dopoguerra. Roma e il sud 1943-1945*, Milano, 1985.

GASPARRI   Gasparri Carlo, *Quando il Vaticano confinava con il Terzo Reich*, Padova, 1984.

GIARRIZZO   Giuseppe Giarrizzo, *Sicilia oggi*, in *Storia d'Italia : Le regioni dall'Unità a oggi : La Sicilia*, Einaudi, 1987, pp.603-696

GINSBORG   Paul Ginsborg

GIUNTELLA   Giuntella Vittorio, *I militari italiani internati nei lager nazisti*, in: *Italia 1945-1975, Fascismo*

GRIBAUDI   Gabriella Gribaudi, *Le donne nel Novecento: emancipazione e differenza*, in "Storia contemporanea", Roma, Donzelli, 1997.

HALBWACHS   Maurice Halbwachs, *La memoria collettiva*, a cura di Paolo Jedlowski, con postfazione di L.Passerini, Milano, Edizioni Unicopli, 1987.

HILLBRUN   Hillbrun, *Scrivere la biografia di una donna.*

HOBSBAWM   Eric J. Hobsbawm, *Il secolo breve- 1914-1991: l'era dei grandi cataclismi*, Rizzoli, 1997, 13° ediz.

ISNENGHI   Mario Isnenghi, *Parabola dell'autobiografia. Dagli archivi della classe agli archivi dell'io*, in: "Rivista di storia contemporanea", 1992, nn. 2-3, pp.382-401.

KLINKHAMMER   Klinkhammar Lutz, *Le strategie tedesche dell'occupazione nell'Italia 1943-1945*, in: Legnani e altri, *Guerra*... Atti del convegno di Belluno, 26-30 ottobre 1988, Milano 1990, pp.99-115.

KLINKHAMMER   Klinkhammer, Lutz, *L'occupazione tedesca in Italia, 1943-1945*, Torino 1993

LAGRAVE   Rose-Marie Lagrave, *Un'emancipazione sotto tutela: Educazione e lavoro delle donne nel XX secolo*, in "Storia delle donne : Il Novecento", cit., pp.484-525.

LEJEUNE   Philippe Lejeune, *Il patto autobiografico*,

Bologna, Il Mulino, 1986,

LEVI   Carlo levi, *L'opera dei pupi*, in "Cento
            Sicilie", cit., pp.204-205

LI GOTTI   Ettore Li Gotti *Il teatro dei pupi*, Flaccovio,
            Palermo 1978

LUPO   Salvatore Lupo, *Fascismo e nazismo*, in
            "Storia   contemporanea",   Roma,
            Donzelli,1997.

MAFAI   M. Mafai, *L'apprendistato della politica.*
            Le donne italiane nel dopoguerra, Roma,
            Editori Riuniti, 1979.

MAFAI   Miriam Mafai, *Pane nero. Donne e vita*
            quotidiana nella Seconda guerra
            mondiale, Milano 1987.

MAJEROTTI   Rita Majerotti, *Il romanzo di una*
            maestra, ediesse.

MANGIAMEL   Rosario Mangiameli, *La seconda guerra*
I   *mondiale*, in "Storia contemporanea",
            Roma, Donzelli, 1997.

MANGIAMEL   Rosario Mangiameli, *La regione in guerra*
I   *(1943-1950)*, in *Storia d'Italia : Le regioni*
            dall'Unità a oggi : La Sicilia, Einaudi,

1987, pp.485-600.

MARIANI   Laura Mariani, *Note di storia delle donne: l'enciclopedia della resistenza*, in "Storia e problemi contemporanei", n. 4, luglio-dicembre 1989.

Laura Mariani, *Il tempo delle attrici. Emancipazionismo e teatro in Italia fra Ottocento e Novecento*, EM DEITEATRI, Bologna, 1991

MATTESINI   Luana Mattesini, *Raccontare, raccontarsi*, in "Agenda", numero 4.

MATTESINI   Luana Mattesini, *Scrivere di sé: una rassegna critica sull'autobiografia femminile*, in: "Nuova DWF", 1993, nn. 2-3, pp.28-47.

MICCICHÈ   Giuseppe Miccichè, *Dopoguerra e fascismo in Sicilia*, Editori Riuniti, 1976

MORANTE   Elsa Morante, *La Storia*, Einaudi, Torino, 1974.

NEERA   Neera, *Battaglie per un'idea*, Baldini&Castoldi, Milano 1898, pp.113-114.

NEMETH Elisabeth Nemeth, *Scrittura come ricerca di realtà. Sul concetto di soggetto in Christa Wolf*, in: "Donne e scrittura" a cura di Daniela Corona, La Luna, Palermo 1990, pp.87-95.

PASQUALINO Antonio Pasqualino, *L'Opera dei pupi*, Palermo, Sellerio 1977; 1989 con prefazione di Antonino Buttitta

PASSERINI Luisa Passerini, *Storie di donne e femministe*, Torino, Rosenberg & Sellier, 1991,

PASSERINI Luisa Passerini, *Storia e soggettività. Le fonti orali. La memoria*, Firenze, La nuova Italia, 1987

PAVONE Claudio Pavone, *Una guerra civile. Saggio storico sulla moralità nella Resistenza*, Torino, Bollati Boringhieri, 1994

POMATA Gianna Pomata, *Storia particolare e storia universale: in margine ad alcuni manuali di storia delle donne*, in: "Quaderni storici", 1990, n.74, pp.341-385

QUAZZA Guido Quazza, *Resistenza e storia d'Italia*, Milano, Feltrinelli, 1976

RENDA   Francesco Renda, *Storia della Sicilia - dal 1860 al 1970*, vol. III, Sellerio, Palermo, 1987, p. 16

RICUPERATI   Giuseppe Ricuperati, *La scuola nell'Italia unita*, in "Storia d'Italia", cit., vol.5, pp.1695-1736.

ROCHAT   Giorgio Rochat, *La crisi delle forze armate italiane nel 1943-1945*, in «Rivista di storia contemporanea», VII, 1978, pp. 398-404.

ROLFI   Lidia Beccaria Rolfi, *L'esile filo della memoria. Ravensbruck, 1945: un drammatico ritorno alla libertà*, Einaudi, 1996 .

ROLFI-   Lidia Beccaria Rolfi, Anna Maria Bruzzone,
BRUZZONE   *Le donne di Ravensbruck*, Einaudi 1998.

ROSSI   Paolo Rossi, *Il passato, la memoria, l'oblio*, Bologna, Il Mulino, 1991

ROSSILLI   Maria Grazia Rossilli, *Ripensando storia e politica*, in «Il foglio del paese delle donne», settembre 1996.

SARACENO   Chiara Saraceno, *Né estranee né innocenti*, introduzione all'edizione italiana di *Donne e guerra*, di J.B.Elsthain, Bologna, Il Mulino, 1991.

SARACINO   Maria Antonietta Saracino, *L'autobiografia di una nazione*, "Quaderni di retorica e poetica",1986, n.1.

SCARAMUZZA   Emma Scaramuzza, *La maestra italiana tra Ottocento e Novecento. Una figura esemplare di educatrice socialista: Linda Malnati*, in: Lino Rossi (a cura di), *Cultura, istruzione e socialismo nell'età giolittiana*, Milano, Angeli, 1991, pp.99-19

SEGA   Maria Teresa Sega, *Raccontare la vita. Biografia e didattica della storia*, in "Storia e problemi contemporanei", CLUEB n.17, 1996.

SEMELIN   Jacques Sémelin, *Senz'armi di fronte a Hitler*, Torino, Sonda, 1993.

SGARIOTO   Silvana Sgarioto, *Donne guerra memoria*, in: "Lapis", giugno 1995.

SIPALA   Mario Sipala, *Ideologia e letteratura*, in: "La storia d'Italia, cit., La Sicilia, Einaudi pp.813-850

SOLDANI   S.Soldani, *Maestre d'Italia*, in: A.Groppi (a cura di), *Il lavoro delle donne*, Laterza, 1996.

SOLDANI   Simonetta Soldani, *L'educazione delle donne*, Milano, Angeli, 1991

STURER   Sturer Leopold, *La deportazione dall'Italia, Bolzano*, in: *Spostamenti di popolazione e deportazione in Europa durante la II guerra mondiale*, Bologna 1987.

THEBAUD   Francoise thebaud, *La grande guerra*, in: *Storia delle donne. Il Novecento*, Laterza, 1996, pp.25-90.

THEBAUD   Francoise Thebaud, *Introduzione a Storia delle donne. Il Novecento* Laterza, 1996.

ULIVERI   Simonetta Uliveri, *La donna nella scuola dall'Unità a oggi. Leggi, pregiudizi, prospettive*, in: "Nuova DWF", 1977, pp.20-47.

ULIVIERI   S. Ulivieri (a cura di), *Educazione e ruolo femminile*, La Nuova Italia, 1992.

VARIKAS   Eleni Varikas, *L'approccio biografico nella storia delle donne*, in: *Altre storie. La critica femminista alla storia* (a cura di Paola Di cori), Clueb1996.

ZANGHI'   Sara Zanghì, *La parola come esistenza*, in "Donne e scrittura" a cura di Daniela Corona, La Luna, Palermo 1990, pp.87-95

Nota di edizione

Questo libro

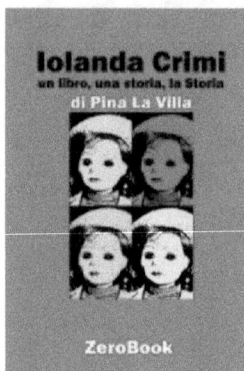

Iolanda Crimi (1901/1985) era figlia di un puparo di Francofonte. Aveva tre nomi, Iolanda Elena Margherita, che la legavano al mondo delle gesta dei paladini e ai reali, e persino alla Jolanda figlia del Corsaro Nero di salgariana memoria. Si porterà sempre dentro questo spirito, legato al padre: libertario e guasconesco. Anche quando nel 1943 entrerà a Roma nella Resistenza antifascista, e poi nelle sue scelte di vita successive. Nel 1962 scrive "Donne siciliane nella Resistenza", la sua autobiografia. Vivrà poi a Catania e a Francofonte, figura esemplare di antifascista siciliana e di donna. Il saggio di Pina La Villa ripercorre gli anni centrali della vita di Iolanda Crimi, inseriscono la sua personale storia alla Storia di quegli anni.

L'autore

Pina La Villa è nata nel 1960 a Francofonte (SR). Lauree in Filosofia e in Storia Contemporanea, insegna nei Licei, vive a Catania dal 1998. Ha diretto la rivista *Sherazade*, si è occupata di pari opportunità. Per l'Istituto Gramsci Emilia-

Pina La Villa

Romagna ha pubblicato una ricerca sul Sessantotto in Sicilia, che è stata edita in forma ampliata da ZeroBook nel 2016: *I Sessantotto di Sicilia*, in collaborazione con Sergio Failla. Ha scritto per *Girodivite*, *école*, *Città di città*, *Città d'Utopia*. Ha pubblicato per ZeroBook: *Elle come leggere* (2006), *Segnali di fumo* (2007) con una nota di Maria Attanasio, *Socrate al caffé* (2007). Nel 2017 ha pubblicato per Villaggio Maori edizioni, *Aleksandra Kollontaj: marxismo e femminismo nella Rivoluzione russa*.

Le edizioni ZeroBook

Le edizioni ZeroBook nascono nel 2003 a fianco delle attività di www.girodivite.it. Il claim è: "un'altra editoria è possibile". ZeroBook è una piccola casa editrice attiva soprattutto (ma non solo) nel campo dell'editoriale digitale e nella libera circolazione dei saperi e delle conoscenze.

Quanti sono interessati, possono contattarci via email: zerobook@girodivite.it

O visitare le pagine su: http://www.girodivite.it/-ZeroBook-.html

Ultimi volumi:

Sotto perlaceo cielo : mito e memoria nell'opera di Francesco Pennisi / di Luca Boggio (ISBN 978-88-6711-129-9)

La diaspora del comunismo italiano / di Ferdinando Leonzio (ISBN 978-88-6711-127-5)

Celluloide : storie personaggi recensioni e curiosità cinematografiche / a cura di Piero Buscemi (ISBN 978-88-6711-123-7)

Cento gocce di vita / di Ferdinando Leonzio (ISBN 978-88-6711-121-3)

Donne del socialismo / di Ferdinando Leonzio (ISBN 978-88-6711-117-6)

Neuroni in fuga / Adriano Todaro (ISBN 978-88-6711-111-4)

Parole rubate / redazione Girodivite-ZeroBook (ISBN 978-88-6711-109-1)

Accanto ad un bicchiere di vino : antologia della poesia da Li Po a Rino Gaetano / a cura di Piero Buscemi (ISBN 978-88-6711-107-7, 978-88-6711-108-4)

Il cronoWeb / a cura di Sergio Failla (ISBN 978-88-6711-097-1)

Col volto reclinato sulla sinistra / di Orazio Leotta (ISBN 978-88-6711-023-0)

L'isola dei cani / di Piero Buscemi (ISBN 978-88-6711-037-7)

Saggistica:

I Sessantotto di Sicilia / Pina La Villa, Sergio Failla (ISBN 978-88-6711-067-4)

Il Sessantotto dei giovani leoni / Sergio Failla (ISBN 978-88-6711-069-8)

Antenati: per una storia delle letterature europee: volume primo: dalle origini al Trecento / di Sandro Letta (ISBN 978-88-6711-101-5)

Antenati: per una storia delle letterature europee: volume secondo: dal Quattrocento all'Ottocento / di Sandro Letta (ISBN 978-88-6711-103-9)

Antenati: per una storia delle letterature europee: volume terzo: dal Novecento al Ventunesimo secolo / di Sandro Letta (ISBN 978-88-6711-105-3)

Il cronoWeb / a cura di Sergio Failla (ISBN 978-88-6711-097-1)

Il prima e il Mentre del Web / di Victor Kusak (ISBN 978-88-6711-098-8)

Col volto reclinato sulla sinistra / di Orazio Leotta (ISBN 978-88-6711-023-0)

Il torto del recensore / di Victor Kusak (ISBN 978-6711-051-3)

Elle come leggere / di Pina La Villa (ISBN 978-88-6711-029-2

Segnali di fumo / di Pina La Villa (ISBN 978-88-6711-035-3)

Musica rebelde / di Victor Kusak (ISBN 978-88-6711-025-4)

Il design negli anni Sessanta / di Barbara Failla

Maledetti toscani / di Sandro Letta (ISBN 978-88-6711-053-7)

Socrate al caffé / di Pina La Villa (ISBN 978-88-6711-027-8)

Le tre persone di Pier Vittorio Tondelli / di Alessandra L. Ximenes (ISBN 978-88-6711-047-6)

Del mondo come presenza / di Maria Carla Cunsolo (ISBN 978-88-6711-017-9)

Stanislavskij: il sistema della verità e della menzogna / di Barbara Failla (ISBN 978-88-6711-021-6)

Quando informazione è partecipazione? / di Lorenzo Misuraca (ISBN 978-88-6711-041-4)

L'isola che naviga: per una storia del web in Sicilia / di Sergio Failla

Lo snodo della rete / di Tano Rizza (ISBN 978-88-6711-033-9)

Comunicazioni sonore / di Tano Rizza (ISBN 978-88-6711-013-1)

Radio Alice, Bologna 1977 / di Lorenzo Misuraca (ISBN 978-88-6711-043-8)

L'intelligenza collettiva di Pierre Lévy / di Tano Rizza (ISBN 978-88-6711-031-5)

I ragazzi sono in giro / a cura di Sergio Failla (ISBN 978-88-6711-011-7)

Proverbi siciliani / a cura di Fabio Pulvirenti (ISBN 978-88-6711-015-5)

Parole rubate / redazione Girodivite-ZeroBook (ISBN 978-88-6711-109-1)

Accanto ad un bicchiere di vino : antologia della poesia da Li Po a Rino Gaetano / a cura di Piero Buscemi (ISBN 978-88-6711-107-7, 978-88-6711-108-4)

Neuroni in fuga / Adriano Todaro (ISBN 978-88-6711-111-4)

Celluloide : storie personaggi recensioni e curiosità cinematografiche / a cura di Piero Buscemi (ISBN 978-88-6711-123-7)

Sotto perlaceo cielo : mito e memoria nell'opera di Francesco Pennisi / di Luca Boggio (ISBN 978-88-6711-129-9)

Per una bibliografia sul Settantasette / Marta F. Di Stefano (ISBN 978-88-6711-131-2)

Narrativa:

L'isola dei cani / di Piero Buscemi (ISBN 978-88-6711-037-7)

L'anno delle tredici lune / di Sandro Letta (ISBN 978-88-6711-019-3)

Poesia:

Il libro dei piccoli rifiuti molesti / di Victor Kusak (ISBN 978-88-6711-063-6)

L'isola ed altre catastrofi (2000-2010) di Sandro Letta (ISBN 978-88-6711-059-9)

La mancanza dei frigoriferi (1996-1997) / di Sergio Failla (ISBN 978-88-6711-057-5)

Stanze d'uomini e sole (1986-1996) / di Sergio Failla (ISBN 978-88-6711-039-1)

Fragma (1978-1983) / di Sergio Failla (ISBN 978-88-6711-093-3)

Libri fotografici:

I ragni di Praha / di Sergio Failla (ISBN 978-88-6711-049-0)

Transiti / di Victor Kusak (ISBN 978-88-6711-055-1)

Ventimetri / di Victor Kusak (ISBN 978-88-6711-095-7)

Opere di Ferdinando Leonzio:

Una storia socialista : Lentini 1956-2000 / di Ferdinando Leonzio (ISBN 978-88-6711-125-1)

Segretari e leader del socialismo italiano / di Ferdinando Leonzio (ISBN 978-88-6711-113-8)

Breve storia della socialdemocrazia slovacca / di Ferdinando Leonzio (ISBN 978-88-6711-115-2)

Donne del socialismo / di Ferdinando Leonzio (ISBN 978-88-6711-117-6)

La diaspora del socialismo italiano / di Ferdinando Leonzio (ISBN 978-88-6711-119-0)

Cento gocce di vita / di Ferdinando Leonzio (ISBN 978-88-6711-121-3)

La diaspora del comunismo italiano / di Ferdinando Leonzio (ISBN 978-88-6711-127-5)

Parole rubate:

Scritti per Gianni Giuffrida: La nuova gestione unitaria dell'attività ispettiva: L'Ispettorato Nazionale del Lavoro / di Cristina Giuffrida (ISBN 978-88-6711-133-6)

Cataloghi:

ZeroBook: catalogo dei libri e delle idee 2017

ZeroBook: catalogo dei libri e delle idee 2016

ZeroBook: catalogo dei libri e delle idee 2015

ZeroBook: catalogo dei libri e delle idee 2012

Catalogo ZeroBook 2007

Catalogo ZeroBook 2006

Riviste:

Post/teca, antologia del meglio e del peggio del web italiano

ISSN 2282-2437

http://www.girodivite.it/-Post-teca-.html

Girodivite, segnali dalle città invisibili

ISSN 1970-7061

http://www.girodivite.it

https://www.girodivite.it

www.ingramcontent.com/pod-product-compliance
Lightning Source LLC
La Vergne TN
LVHW021545080426
835509LV00019B/2847